Yo opino...

¿Deben tus padres controlar tu uso de la tecnología?

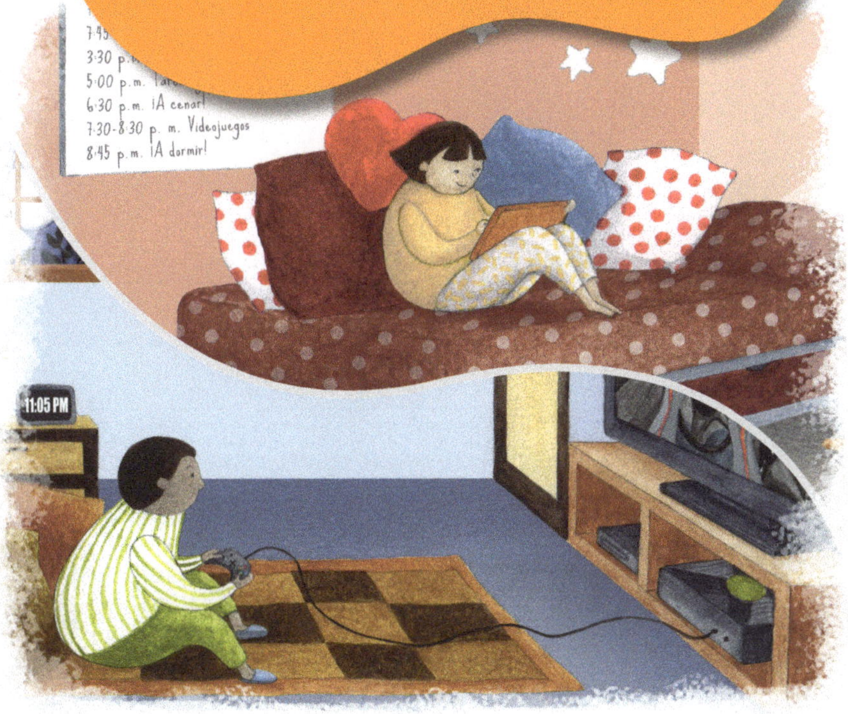

Andrés Pi Andreu
Ilustraciones de **María Wernicke**

A favor

Mía, 9 años

¿Deberían los padres controlar el uso de la tecnología por parte de sus hijos? Yo opino que sí. La tecnología es parte importante de nuestra vida, pero hay que aprender a usarla bien y los padres deben poner normas para enseñarles a sus hijos cómo hacerlo.

En primer lugar, es muy importante que los padres limiten el tiempo que sus hijos les dedican a los dispositivos electrónicos. Cuando una persona está mucho tiempo en su celular o tableta, le quita tiempo a la familia y deja de hacer muchas otras actividades divertidas y útiles para su desarrollo.

Por ejemplo, numerosos psicólogos infantiles dicen que "los niños menores de tres años no deben pasar tiempo frente a una pantalla porque esto afecta la comunicación social, el desarrollo y la relación del niño con los miembros de la familia. Cuando los niños están completamente desconectados de la tecnología a esta edad, pueden desarrollar mejor sus relaciones personales y habilidades sensoriales y motoras jugando con otros y con juguetes físicos".[1]

Una de las razones más importantes por las que los padres deben limitar el tiempo que sus hijos pasan usando los dispositivos electrónicos es porque los niños no saben cuándo parar. Seguirán y seguirán porque saben que no tienen un límite. Esto puede traer consecuencias negativas.

Por ejemplo, no sabrán cómo jugar juegos simples o al aire libre o con amigos. Tampoco podrán tener una conversación sobre otros temas porque todo lo que saben hacer está relacionado con los videojuegos y es sobre lo único que pueden hablar. Se volverán lobitos solitarios porque el uso constante de la tecnología no los deja levantar la vista de la pantalla. ¡Serán como minirobots!

Los expertos dicen que los niños que solo juegan en sus tabletas e internet se ponen muy ansiosos cuando no las tienen. Esto puede provocar problemas emocionales. Un estudio realizado por varias universidades de Madrid encontró que el 57 % de los menores de 18 años son adictos al celular y un 45 %, a la internet.[2] Los padres deben poner controles para evitar que los dispositivos se conviertan en un problema tan serio.

Otro punto importante es que tanto uso de la tecnología hace que disminuya la actividad física que se realiza. Esto hace que los músculos no se desarrollen bien. Si uno no sale a tomar el sol, el cuerpo no puede fijar las vitaminas que son importantes para el crecimiento. Además, mirar una pantalla muchas horas seguidas puede causar problemas de la vista.

Pienso que los padres también deben vigilar lo que sus hijos hacen cuando están en línea porque hay muchos peligros en la red. Si no les gusta lo que están mirando sus pantallas, deben ponerle fin.

Por ejemplo, los niños pueden participar en juegos o ver videos que no son apropiados para su edad, o darle información personal a gente que conocen en las redes sociales. Estos extraños podrían ser adultos con malas intenciones haciéndose pasar por niños. Se cree que cerca del 3 % de los perfiles de Facebook, el 15 % de los perfiles de Twitter y el 8 % de los perfiles de Instagram no son reales.[3]

También existe el peligro del ciberacoso. En una encuesta hecha en España, uno de cada tres niños y niñas dijo que había sido insultado por internet o celular.[4] Además, hay otros peligros, como los retos virales y el contenido violento. Los padres pueden proteger a sus hijos de estos riesgos si están pendientes de lo que hacen cuando están usando sus dispositivos electrónicos.

Asimismo, los padres deben enseñarles a sus hijos a usar la tecnología de forma positiva. Por ejemplo, pueden comprarles o darles acceso a juegos didácticos que tengan que ver con las matemáticas, las ciencias o el medio ambiente; es decir, algo que sea útil. También pueden ayudarlos a usar la tecnología de manera creativa. Los niños pueden aprender a solucionar problemas de la vida diaria empleando estas tecnologías modernas. De esta manera, comenzarán a verlas como algo más que aparatos para entretenerse: herramientas que pueden usar para crear cosas útiles.

En resumen, estoy a favor de que los padres controlen la manera en que sus hijos utilizan la tecnología. El uso excesivo o sin límites de los dispositivos electrónicos no es bueno para los niños y jóvenes porque estos pueden afectar su salud física y mental y meterlos en situaciones peligrosas. Los padres deben protegerlos de estos riesgos y poner normas para enseñarles a usar la tecnología de manera segura y positiva.

En contra

Yovani, 9 años

¿Deberían los padres controlar el uso de la tecnología por parte de sus hijos? Yo opino que no. La tecnología es parte importante de nuestra vida. Por lo tanto, los niños deben aprender a manejar la internet y los dispositivos electrónicos para poder funcionar bien en el mundo actual y en el futuro.

Los niños de hoy necesitan de acceso total a la tecnología. Somos distintos a los niños del pasado porque todo ha cambiado mucho en los últimos años. Todo es más rápido hoy en día y la gente está más interconectada. Por ejemplo, en una misma video llamada, pueden verse personas de los cinco continentes a la vez y tener una conversación o trabajar en equipo. Tenemos el mundo en la punta de los dedos y frente a nuestros ojos gracias a las computadoras, las tabletas y los teléfonos inteligentes. Limitarles a los niños el uso de la tecnología es ir en contra del progreso de la humanidad.

Además, creo que los niños realmente pueden aprender mucho a través de sus tabletas, computadoras y teléfonos. Por ejemplo, mi hermana pequeña tiene aplicaciones que la ayudan a practicar la escritura, a repasar matemáticas y a mejorar su fluidez al leer.

A mi primo, que tiene 13 años, le encanta la historia y se pasa horas viendo videos sobre hechos históricos en internet. Lo he visto conversar con adultos sobre temas como las guerras mundiales y otras cosas sobre las cuales los niños normalmente no saben mucho. Gracias a esos videos, ha descubierto su pasión y dice que, cuando sea grande, va a ser profesor de historia. Creo que todo el tiempo que pasa viendo esos videos lo va a ayudar a ser un excelente maestro.

Por otro lado, creo que los adolescentes y niños no pueden actuar como adultos si no son tratados como tal. Por eso, los padres deberían confiar en el criterio de sus hijos al usar la tecnología y en que ellos mismos van a saber cuándo es suficiente. Eso sí, los niños deberían ser responsables y terminar sus tareas y cumplir con sus deberes antes de conectarse a sus dispositivos. Lo que los padres deben hacer es educarlos bien y explicarles por qué deben cumplir con las reglas y cómo elegir juegos apropiados.

   Asimismo, a los niños hay que dejarlos ser niños y permitirles que se diviertan con lo que más les gusta. Hay aplicaciones, como los juegos o las plataformas de videos en línea, que son muy entretenidas y no deben ser limitadas. Disfrutar de ellas es un derecho de todos los niños y jóvenes. Para ser honesto, ser niño significa divertirse. Si jugar en línea o con una tableta o una consola de juegos es divertido, ¿por qué no hacerlo el mayor tiempo posible?

Los videojuegos, además, no son tan malos como dicen. Según investigaciones científicas, las personas que juegan videojuegos regularmente tienen mejores habilidades para tomar decisiones que las que no lo hacen. Además, tienen menos prejuicios que los otros. "Los jugadores de videojuegos son más tolerantes a los problemas socialmente sensibles que los no jugadores".[1] Creo que, como interactúan diariamente con niños de diferentes razas, países y culturas en el espacio común de un videojuego, se dan cuenta de que no tiene sentido discriminar o ver mal a otras personas por su color, apariencia o lugar de origen.

Los videojuegos también se están usando con éxito para ayudar a niños enfermos a controlar el dolor. La atención que requieren los videojuegos los distrae de la sensación de dolor. En varios estudios, a niños con cáncer los han puesto a jugar videojuegos durante su tratamiento de quimioterapia. Estos pacientes han tenido menos náusea y han necesitado menos medicinas para el dolor después del tratamiento que aquellos que no jugaron.[2]

En conclusión, me parece que lo mejor es que los padres nos den más libertad con los aparatos electrónicos y el uso de internet para que aprendamos a manejarlos bien, pues son parte importante del mundo de hoy y no van a desaparecer.

Los padres y maestros deben concentrar su atención en educarnos y aconsejarnos en vez de prohibirnos o limitarnos el acceso a la tecnología. A nuestra edad, ya podemos aprender a tomar decisiones que nos ayuden a tener una experiencia positiva y a evitar los peligros y los contenidos malos.

Notas bibliográficas

A favor

1. Kimberly Young: "How to Regulate Your Child's Use of Technology at Every Age" [en línea]. *The New York Times*: 16 de julio de 2015. [Consulta: 16 de junio de 2020]. Disponible en <https://www.nytimes.com/roomfordebate/2015/07/16/is-internet-addiction-a-health-threat-for-teenagers/how-to-regulate-your-childs-use-of-technology-at-every-age>.
2-4. Sandra de Pedro: "Los 8 principales riesgos en Internet para niños y adolescentes" [en línea]. *Seguraskola*: 7 de agosto de 2018. [Consulta: 16 de junio de 2020]. Disponible en <https://gaptain.com/blog/los-8-principales-riesgos-en-internet-para-ninos-y-adolescentes/>.

En contra

1. Seounmi Youn, Mira Lee y Kenneth O. Doyle: "Lifestyles of Online Gamers: A Psychographic Approach" [en línea]. *Journal of Interactive Advertising*: primavera de 2003. [Consulta: 16 de junio de 2020]. Disponible en <https://studylib.net/doc/8798645/pdf---journal-of-interactive-advertising>.
2. Mark Griffiths: "Videogames and health" [en linea]. *BMJ (Clinical research ed.)*: 16 de julio de 2005, 331(7509), 122-123. [Consulta: 16 de junio de 2020]. Disponible en <https://doi.org/10.1136/bmj.331.7509.122>.

© 2021, Vista Higher Learning, Inc.
500 Boylston Street, Suite 620.
Boston, MA 02116-3736
www.vistahigherlearning.com
www.loqueleo.com/us

© Del texto: 2021, Andrés Pi Andreu

Dirección Creativa: José A. Blanco
Director Ejecutivo de Contenidos e Innovación:
   Rafael de Cárdenas López
Desarrollo Editorial: Lisset López, Isabel C. Mendoza
Diseño: Paula Díaz, Daniela Hoyos, Radoslav Mateev,
   Gabriel Noreña, Andrés Vanegas
Coordinación del proyecto: Brady Chin, Tiffany Kayes
Derechos: Jorgensen Fernandez, Annie Pickert Fuller
Producción: Oscar Díez, Sebastián Díez, Andrés Escobar,
   Daniel Lopera, Adriana Jaramillo, Daniela Peláez
Ilustraciones: María Wernicke

¿Deben tus padres controlar tu uso de la tecnología?
ISBN: 978-1-54333-545-3

Todos los derechos reservados. Esta publicación
no puede ser reproducida, ni en todo ni en parte,
ni registrada en o transmitida por un sistema de
recuperación de información, en ninguna forma ni por
ningún medio, sea mecánico, fotoquímico, electrónico,
magnético, electroóptico, por fotocopia o cualquier
otro, sin el permiso previo, por escrito, de la editorial.

Published in the United States of America

1 2 3 4 5 6 7 8 9 GP 26 25 24 23 22 21

www.ingramcontent.com/pod-product-compliance
Lightning Source LLC
Chambersburg PA
CBHW040007080526
44586CB00027B/2918